Wolfgang Link

Low-Carb-Pfannengerichte

40 Rezepte für die schnelle Pfanne mit wenig Kohlenhydraten

Inhalt

Rezepte

Mit unseren Low-Carb-Pfannengerichten kommen Sie schnell zur Sache – kohlenhydratarm und vitalstoffreich

Kohlenhydratfalle? – Nein, danke!

Gerade gegessen und schon wieder hungrig? Das kann doch nicht sein, oder? Doch. Zu viele und/oder ungünstige Kohlenhydrate – etwa wenn Sie einen Teller Spaghetti, eine Portion Risotto oder Pommes mit Ketchup essen – lassen den Blutzucker in die Höhe schießen. Die Bauchspeicheldrüse reagiert prompt und schüttet das Hormon Insulin aus, um den Blutzucker wieder zu senken. Gerade bei rasanten Blutzuckeranstiegen wird mehr Insulin produziert als nötig. Die Folge: Der Blutzuckerspiegel fällt unter das ursprüngliche Niveau und löst eine Heißhungerattacke aus! Da muss ganz schnell Nachschub her. Der Griff zu Gebäck oder Schokoriegel soll es richten – und der Blutzucker fährt Achterbahn. Schon schnappt die Falle zu: Wir essen mehr als wir brauchen, legen an Umfang und Gewicht zu und bringen den Stoffwechsel aus dem Lot.

KURZ GESAGT: Zu viele und falsche Kohlenhydrate tun nicht gut. Sie machen hungrig, dick und auf Dauer auch krank. Weniger Kohlenhydrate bedeuten dagegen mehr Gesundheit und Wohlbefinden.

Low-Carb → LOGI

Low-Carb (englisch von low = niedrig; carbohydrates = Kohlenhydrate) steht für eine Ernährungsform, bei der die tägliche Aufnahme von Kohlenhydraten bewusst eingeschränkt wird. Stärke- und zuckerhaltige Produkte wie Brötchen, Toast oder süße Teilchen, Kartoffeln, Nudeln oder Reis, Süßigkeiten und Softdrinks werden eingeschränkt oder weitestgehend gemieden.

Low-Carb-Ernährungsweisen gibt es in zahlreichen Varianten, darunter solche, bei denen der Kohlenhydratanteil sehr deutlich auf 15 bis 50 Gramm pro Tag reduziert wird und die bei speziellen Erkrankungen angewandt werden.

So weit braucht man jedoch nicht zu gehen, um von den Vorteilen einer kohlenhydratarmen Ernährungsweise zu profitieren. Mit der LOGI-Methode gibt es eine moderate Form der Low-Carb-Ernährung, die ein großes Maß an Flexibilität erlaubt und äußerst praxistauglich ist. Hier stehen neben der Gesundheit auch Vielfalt und Genuss im Mittelpunkt.

Basis der LOGI-Ernährung sind kalorienarme, wasser- und ballaststoffreiche Lebensmittel wie Gemüse, Salate und Pilze, die mit hochwertigen Fetten und Ölen zubereitet werden. Beim Obst stehen zuckerarme Beeren sowie fettreiche Avocados, Nüsse und Saaten an vorderster Front. Ebenso wichtig: eiweißreiche Sattmacher wie Eier, Fisch, Milchprodukte, Hülsenfrüchte, Fleisch und Käse. Auch Kartoffeln, Brot oder mal ein Stückchen Torte oder Schokolade finden bei LOGI ihren Platz – allerdings in eher kleineren Portionen.

LOGI hält die Blutzuckeranstiege und damit auch die Insulinausschüttung gering und sichert gemeinsam mit eiweiß-, wasser- und ballaststoffreichen Lebensmitteln eine lang anhaltende Sättigung bei sehr guter Versorgung mit Vitaminen und Mineralstoffen. Auch wenn es nicht darum geht, akribisch jedes verzehrte Gramm Kohlenhydrate zu zählen, kommt es neben der Blutzuckerwirkung durchaus darauf an, wie viele Kohlenhydrate gegessen werden. Die empfohlene Menge liegt bei 80 bis 130 Gramm pro Tag – je nachdem, wie gesund und aktiv Sie sind. Aufgrund des geringen Insulinbedarfs wird mit LOGI die Fettverbrennung gefördert und die Fettspeicherung gehemmt.

Damit bietet die LOGI-Methode beste Voraussetzungen für eine nachhaltige Gewichtsreduktion und -stabilisierung. Sie ist zudem die ideale Ernährungsform für Menschen mit Stoffwechselstörungen wie Typ-2-Diabetes, metabolischem Syndrom und erhöhten Blutfetten, aber auch für gesunde, normalgewichtige Personen, die sich einfach nur gut ernähren wollen.

Die Ernährung nach der LOGI-Methode liefert alle essenziellen Nährstoffe, die der Organismus braucht.

Eine Pfanne, wenige Zutaten, ein leckeres Rezept …

… so unkompliziert lassen sich frische und gesunde Low-Carb-Gerichte zubereiten, die Abwechslung in den Speiseplan bringen und immer gelingen. Der erste Platz in der Pfanne ist für Gemüse, Pilze oder auch Salate wie Rucola oder Römersalat reserviert. Hülsenfrüchte, Samen und Nüsse vervollständigen neben Fleisch, Fisch, Geflügel und Milchprodukten das Potpourri in Pfanne oder Wok.

Bleiben wir beim Gemüse: Die bunten Powerpakete aus der Natur liefern eine Fülle an wertvollen Ballaststoffen, Vitaminen und Mineralien – und das bei einer überwiegend niedrigen Energiedichte von weit weniger als 100 Kalorien pro 100 Gramm. Gemüse ist in erster Linie ein perfekter Lieferant für Vitamin C und verschiedene B-Vitamine. In puncto Mineralien stehen Kalium, Magnesium und Phosphor bei etlichen Gemüsearten ganz oben im Ranking. Hinzu kommt eine Fülle an sekundären

Pflanzenstoffen, die für den menschlichen Organismus zwar nicht essenziell sind, jedoch ein hohes Gesundheitspotenzial besitzen. Man schätzt ihre Zahl auf etwa 60.000 bis 100.000, doch längst sind nicht alle Stoffe und deren Funktionen erforscht. Sie wirken unter anderem als Antioxidantien, haben krebshemmende Effekte oder sind entzündungshemmend oder antibakteriell. Karotinoide, die vermehrt in Möhren und Tomaten vorkommen, schützen beispielsweise das Herz-Kreislauf-System und die Augen und wirken sich positiv auf das Immunsystem aus.

Je bunter Ihre Auswahl an Gemüse und Salaten, umso größer ist die Palette der Vitalstoffe, die Sie aufnehmen. Dank kurzer Garzeiten in Pfanne oder Wok bleiben die wertvollen Inhaltsstoffe weitestgehend erhalten. Für eine größtmögliche Ausbeute an Vitaminen & Co. können Sie übrigens bereits beim Einkauf eine Menge tun.

Die Zeit ist reif!

Rosenkohl im Mai, Spargel im Oktober und Erdbeeren im Dezember? Möglich ist das sicher, aber nötig ist es deswegen noch lange nicht. Für regionales und saisonales Gemüse gibt es mehr als einen guten Grund:

- Produkte aus der Region werden während der Saison in reifem Zustand geerntet, sind daher frisch und haben einen sehr guten Eigengeschmack.

- Regionale Ware ist weniger mit Schadstoffen belastet als importierte Produkte. Was aus dem Treibhaus kommt ist im Gegensatz zur Freilandware häufiger überdüngt und mit Pestiziden behaftet.

- Kurze Wege zum Endverbraucher und geringe Lagerzeiten sichern den Erhalt wertvoller Inhaltsstoffe.

- Regional-saisonale Produkte schonen Ihren Geldbeutel.

- Kurze Transportwege sparen zudem wertvolle Ressourcen, mindern klimaschädliche Abgase und dienen so dem Umweltschutz.

- Ihre Entscheidung für regionale Produkte und Dienstleistungen trägt zur nachhaltigen Sicherung der Lebensqualität in Ihrer Region bei.

In den Sommermonaten ist die Auswahl an regionalem Gemüse und Obst üppig, aber auch in der Winterzeit wird einiges geerntet. Hinzu kommen die Gemüse- und Obstarten, die über den Winter gelagert werden können. Das geringste Angebot gibt es übrigens zu Beginn des Frühjahrs. Blattsalate sind vorwiegend in den warmen Monaten im Angebot. Feldsalat, Chicorée oder Radicchio überbrücken die sonstige Salatflaute in den Wintermonaten. Auch Rohkostsalate aus Möhren oder Kohl sind eine gute Möglichkeit für den täglichen Vitaminschub.

Grundsätzlich gilt die Devise: Greifen Sie so oft wie möglich zu regionalen Produkten und schonen Sie Ihre Gesundheit, die Umwelt und den Geldbeutel. Und wenn Sie doch einmal Lust auf etwas anderes haben: Gemüse und Obst, das gerade keine Saison hat, ist häufig in tiefgekühlter Form verfügbar. Direkt nach der Ernte schonend verarbeitet und eingefroren haben auch diese Produkte einen hohen Vitalstoffgehalt.

Hier haben die Gemüse- und Salatarten aus den Rezepten Saison

Legende: G = Gemüse und Salat aus regionalem Anbau (grün); Y = Lagerware aus regionalem Anbau (gelb); B = nicht aus regionalem Anbau, Tiefkühlware möglich (blau); leer = weiß

	Jan	Feb	März	Apr	Mai	Juni	Juli	Aug	Sep	Okt	Nov	Dez
Aubergine												
Bohnen	B	B	B	B	G	G	G	G	G	G	B	B
Brokkoli	B	B	B	B	G	G	G	G	G	G	B	B
Champignons	G	G	G	G	G	G	G	G	G	G	G	G
Chicorée	G	G	G	G				G			G	G
Chinakohl					G	G	G	G	G	G	G	
Erbsen	B	B	B	B	G	G	G	G	B	B	B	B
Feldsalat	G	G	G	G					G	G	G	G
Fenchel						G	G	G	G	G	G	
Grünkohl	G	G	B	B	B	B	B	B	B	G	G	G
Salatgurke					G	G	G	G	G	G		
Kohlrabi	B	B	B	B	G	G	G	G	G	G	B	B
Kopfsalat					G	G	G	G	G	G		
Kürbis	Y	Y	Y					G	G	G	G	Y
Porree/Lauch	G	G	G	G	Y	Y	G	G	G	G	G	G
Frühlingszwiebel					G	G	G	G	G	G		
Mangold					G	G	G	G	G	G		
Möhren	Y	Y	Y	Y	G	G	G	G	G	G	Y	Y
Paprika							G	G	G	G		
Radicchio	Y	Y						G	G	G	Y	Y
Rosenkohl	G	G	G						G	G	G	G
Rotkohl	Y	Y	Y	Y			G	G	G	G	Y	Y
Rucola					G	G	G	G	G	G		
Schwarzwurzeln	G	G	G							G	G	G
Spargel				G	G	B	B	B	B	B	B	B
Spinat	B	B	G	G	G	G	G	G	G	G	B	B
Spitzkohl					G	G	Y	Y	G	G		
Staudensellerie						G	G	G	G	G		
Knollensellerie	Y	Y	Y	Y	G	G	G	G	G	Y	Y	Y
Tomaten						G	G	G	G	G		
Weißkohl	Y	Y	Y	Y			G	G	G	G	Y	Y
Wirsing	G	G	Y	Y	Y	G	G	G	G	G	G	G
Zucchini	B	B	B	B	G	G	G	G	G	G	B	B
Zuckerschote	B	B	B	B	G	G	G	G	G	B	B	B
Zwiebel	Y	Y	Y	Y	Y	G	G	G	G	G	Y	Y

■ Gemüse und Salat aus regionalem Anbau.
■ Gemüse bzw. Salat als Lagerware aus regionalem Anbau.
■ In diesen Monaten erhalten Sie das Gemüse nicht aus regionalem Anbau, können jedoch auf Tiefkühlware zurückgreifen.

Die richtige Pfanne und das richtige Fett

- Die »Alleskönnerpfanne«, die für alle Gerichte gleichermaßen gut geeignet ist, gibt es nicht. Zwei unterschiedliche Pfannen – eine zum scharfen Anbraten und eine für empfindlichere Speisen – sind daher empfehlenswert.

- Eisenpfannen sind sehr hitzebeständig und leiten die Wärme gut: optimale Voraussetzungen für scharfes Anbraten und die Entwicklung köstlicher Röstaromen. Je älter sie sind, umso besser werden sie. Allerdings muss man sie auch erst »einbrennen«, bevor sich die positiven Eigenschaften voll entfalten können. Leider sind Eisenpfannen schwer und dadurch etwas unhandlich. Leichter und auch besser zu pflegen ist dagegen eine Edelstahlpfanne mit einem Sandwichboden aus Kupfer oder Aluminium, die ebenfalls sehr gut zum Anbraten und Schmoren geeignet ist.

- Für empfindlichere Speisen, die nicht so scharf angebraten, dafür aber häufiger gewendet werden müssen, eignet sich eine Stahl-Email-Pfanne. Auf der glatten Schutzschicht gleiten die Zutaten leicht dahin und backen nicht fest. Perfekt für ein gelungenes Omelett.

- Nicht nur für Liebhaber der asiatischen Küche ist der Wok bei verschiedenen Gerichten eine gute Alternative zur Pfanne. Dank der charakteristischen Wölbung lassen sich Gerichte besonders schnell und vitaminschonend zubereiten.

- Welches Fett für welches Gericht geeignet ist, hängt in erster Linie von der Zusammensetzung der Fettsäuren ab. Je größer der Anteil an gesättigten und einfach ungesättigten Fettsäuren, umso höher lässt sich das Fett erhitzen.

- Fleisch braucht eine hohe Anbrattemperatur, damit sich eine Kruste bilden kann und das Austreten des Fleischsaftes verhindert wird. Hier sind hoch erhitzbare Fette mit einem hohen Rauchpunkt gefragt, z.B. Butterschmalz, Kokosfett, Oliven-, Raps- und Erdnussöl oder spezielle Bratöle (siehe Kennzeichnung).

- Gerichte, die nur kurz und bei niedrigen Temperaturen gegart werden, z.B. Omeletts, können auch in Butter gebraten werden. Fette mit einem hohen Anteil an Omega-3-Fettsäuren wie Leinöl sind nicht hitzestabil und sollten der kalten Küche vorbehalten bleiben, z.B. in einem kleinen Salat zum Pfannengericht.

Brokkoli-Linsen-Pfanne mit Hüttenkäse

Für 4 Personen
Zubereitungszeit: 35 Minuten

- 1 Brokkoli (ca. 1 kg)
- 300 g Möhren
- 100 g Fenchel
- 3 Nektarinen
- 2 EL Rapsöl
- 200 g rote Linsen (getrocknet)
- 500 ml Gemüsebrühe
- 100 ml Wasser
- ½ Bund frische Blattpetersilie
- 400 g Hüttenkäse (< 10 % Fett i. Tr.)
- Currypulver, Salz und Pfeffer nach Geschmack

1 Portion (ca. 675 g): 420 kcal, 34 g Eiweiß (33 E%), 9 g Fett (19 E%), 49 g Kohlenhydrate (48 E%)

01 Den Brokkoli in kleine Röschen schneiden und waschen. Die Möhren waschen, putzen, längs halbieren und in dünne Halbmonde schneiden. Fenchel halbieren, waschen und in feine Streifen zerteilen. Nektarinen waschen, entsteinen und in Scheiben schneiden.

02 Öl in einer beschichteten Pfanne erhitzen und Brokkoli, Möhren und Fenchel darin etwa 4–5 Minuten anbraten. Die Linsen und Nektarinen dazugeben und ca. 5–8 Minuten mitbraten. Mit Curry, Salz und Pfeffer würzen.

03 Die Zutaten in der Pfanne mit Gemüsebrühe und Wasser aufgießen. Das Ganze nun ca. 12–15 Minuten gar köcheln lassen. Dabei ab und zu umrühren.

04 Die Petersilie waschen, entstielen und fein hacken und zusammen mit dem Hüttenkäse unter die Brokkolipfanne heben.

05 Kurz vor Ende der Garzeit die Brokkoli-Linsen-Pfanne nochmals mit Salz und Pfeffer würzen und servieren.

TIPP: Die Stiele des Brokkolis kann man bedenkenlos mitverwenden, nur von den Anschnitten werden etwa 2 cm entfernt.

Spargel-Paprika-Pfanne mit Pinienkernen und Parmesan

Für 4 Portionen
Zubereitungszeit: 25 Minuten

- 100 g Butterpilze (oder Champignons)
- 250 g Möhren
- 600 g grüner Spargel
- 1 rote Paprika (ca. 150 g)
- 1 gelbe Paprika (ca. 150 g)
- 2 Knoblauchzehen
- 1 frische rote Chilischote
- 3 EL Sesamöl
- 50 g Pinienkerne
- 100 ml Gemüsebrühe
- ½ Bund frische Blattpetersilie
- 80 g Parmesan
- Salz, Pfeffer und Muskat nach Geschmack

1 Portion (ca. 345 g): 285 kcal, 14 g Eiweiß (20 E%), 21 g Fett (65 E%), 11 g Kohlenhydrate (15 E%)

01 Butterpilze kurz unter fließendem Wasser waschen und vierteln. Möhren schälen und mit einem Gemüsehobel in Stifte hobeln. Die Spargelstangen waschen, im unteren Drittel schälen und schräg in ca. 3 cm lange Stücke schneiden. Paprika halbieren, Kerne entfernen, waschen und in 2 cm große Würfel schneiden.

02 Den Knoblauch schälen und in feine Würfel schneiden. Die Chilischote längs halbieren, entkernen, waschen und fein hacken.

03 Sesamöl in einer Pfanne erhitzen und den Spargel und die Chilischoten zusammen mit dem Knoblauch und den Pinienkernen darin ca. 4–5 Minuten anschwitzen.

04 Die Pilze, die Paprikawürfel und Möhrenstifte ebenfalls in die Pfanne geben und weitere 4–5 Minuten unter gelegentlichem Rühren anbraten.

05 Anschließend das Gemüse in der Pfanne mit der Gemüsebrühe angießen und alles zusammen aufkochen lassen. Mit Salz, Pfeffer und Muskat würzen.

06 In der Zwischenzeit die Petersilie waschen, entstielen und grob hacken. Den Parmesan fein hobeln.

07 Vor dem Servieren die Spargelpfanne mit der Petersilie und dem Parmesan bestreuen.

TIPP: Anstelle des grünen Spargels können Sie auch weißen Spargel verwenden. Dieser muss jedoch ganz geschält werden.

Rosenkohlpfanne mit Karottenstreifen und Pekannüssen

Für 4 Portionen
Zubereitungszeit: 25 Minuten

- 1 großer Knollensellerie (ca. 600 g)
- 1 kg Rosenkohl
- 100 g Pekannüsse
- 2 EL Olivenöl
- 2 EL Sauerrahm
- Muskat, Salz und Pfeffer nach Geschmack

1 Portion (ca. 300 g): 320 kcal, 13 g Eiweiß (16 E%), 25 g Fett (76 E%), 10 g Kohlenhydrate (13 E%)

01 Den Sellerie waschen, schälen und in feine Streifen schneiden

02 Rosenkohl putzen, waschen und den Strunk kreuzweise einschneiden. Die Kohlröschen in einem Topf mit 1 Liter Salzwasser ca. 10 Minuten garen. 2 Minuten vor Ende der Garzeit die Selleriestreifen dazugeben und mitgaren. Anschließend das Gemüse mit kaltem Wasser abschrecken und in einem Sieb abtropfen lassen.

03 In der Zwischenzeit die Pekannüsse grob hacken und in einer großen Pfanne ohne Fett anrösten, dann aus der Pfanne nehmen und beiseitestellen.

04 Nun in der gleichen Pfanne den Rosenkohl und die Selleriestreifen mit Öl ca. 6–8 Minuten anbraten. Mit Muskat, Salz und Pfeffer würzen.

05 Kurz vor Ende der Garzeit den Sauerrahm unterheben. Zum Servieren die Rosenkohlpfanne mit den Pekannüssen bestreuen.

TIPP: Die Pekannüsse sind Früchte des Hickorybaumes, der in den USA und Mexiko beheimatet und eng mit dem Walnussbaum verwandt ist. Die Nüsse enthalten nur 4,4 g Kohlenhydrate pro 100 g.

Kräuteromelett mit Frühlingszwiebeln

Für 4 Personen
Zubereitungszeit: 15 Minuten

- 2 Zwiebeln
- 2 rote Paprika (ca. 300 g)
- ¼ Bund frischer Schnittlauch
- 1 Bund Frühlingszwiebeln
- 12 Eier (Größe M)
- 2 TL Butter
- Salz und Pfeffer nach Geschmack

1 Portion (ca. 290 g): 300 kcal, 23 g Eiweiß (31 E%), 19 g Fett (58 E%), 8 g Kohlenhydrate (11 E%)

01 Die Zwiebeln schälen und in feine Würfel schneiden. Paprika halbieren, Kerne entfernen, die Schoten waschen und in kleine Würfel schneiden. Den Schnittlauch waschen, trocken schütteln und in Röllchen zerkleinern. Die Frühlingszwiebeln putzen, waschen und klein schneiden.

02 Pro Omelett drei Eier in einem Glas aufschlagen und mit einer Gabel gut verquirlen. Mit Salz und Pfeffer würzen.

03 Für jede Portion ½ TL Butter in einer beschichteten Pfanne erwärmen und die Eier hinzufügen. Die Masse bei mittlerer Temperatur leicht stocken lassen.

04 Nun jeweils ein Viertel der Zwiebel- und Paprikawürfel, der Schnittlauchröllchen und der Frühlingszwiebeln zugeben und alles zusammen weitere 2–3 Minuten fertig garen. Das Omelett in der Pfanne zuklappen.

05 Anschließend auf Tellern anrichten, mit Salz und Pfeffer nachwürzen und servieren.

Eierauflauf mit Spinat

Für 4 Personen
Zubereitungszeit: 15 Minuten

- 3 Zwiebeln
- 2 Stangen Lauch
- 2 EL Rapsöl
- 2 kleine Paprikaschoten (rot und grün)
- 200 g frischer Blattspinat
- 50 g Hartkäse (z.B. Parmesan)
- 12 Eier (Größe M)
- 50 ml Milch (1,5 % Fett)
- 2 EL Petersilie (gehackt)
- Muskat, Salz und Pfeffer nach Geschmack

1 Portion (ca. 380 g): 385 kcal, 29 g Eiweiß (30 E%), 26 g Fett (61 E%), 8 g Kohlenhydrate (9 E%)

01 Zwiebeln schälen und fein würfeln. Lauch längs halbieren, putzen, waschen und in 1 cm dicke Streifen schneiden.

02 Rapsöl in einer Pfanne erhitzen und Zwiebeln und Lauch darin ca. 2–3 Minuten glasig anschwitzen.

03 Zwischenzeitlich die Paprikaschoten halbieren, entkernen, waschen und fein würfeln. Spinat entstielen, waschen und in einem Sieb abtropfen lassen. Paprika und Spinat zu der Zwiebel-Lauch-Mischung geben und ca. 5–6 Minuten mitgaren. Mit Muskat, Salz und Pfeffer würzen.

04 Nun den Hartkäse fein raspeln und zusammen mit den Eiern, der Milch und der Petersilie verquirlen und über die Gemüsemischung gießen.

05 Die Eier-Gemüse-Mischung zugedeckt etwa 5–6 Minuten stocken lassen. Anschließend wenden und von der anderen Seite weitere 3–4 Minuten goldbraun ausbacken.

06 Den Eierauflauf in vier gleichgroße Stücke portionieren und in der Pfanne servieren.

TIPP: Die Kennzeichnung der Eier mit Zahlen beschreibt die Art und Weise, wie die Hühner gehalten werden: 0 = Bio-Eier, 1 = Freilandhaltung, 2 = Bodenhaltung, 3 = Käfighaltung.

Lauwarmer pikanter Sojabohnen-Schwarzwurzel-Salat

**Für 4 Personen
Zubereitungszeit: 20 Minuten**

- 2 EL Olivenöl
- 300 g Sojabohnen
- 500 ml Gemüsebrühe
- 400 g Schwarzwurzeln (Abtropf-gewicht, Glas)
- 1 Stange Lauch (Porree)
- 2 mittelgroße rote Paprikaschoten
- 4 EL Aceto Balsamico (hell)
- ½ Bund frischer Salbei
- Salz und Pfeffer nach Geschmack

1 Portion (ca. 420 g): 212 kcal, 12 g Eiweiß (22 E%), 10 g Fett (44 E%), 17 g Kohlenhydrate (34 E%)

01 Öl in einer Pfanne erhitzen und die Soja-bohnen darin ca. 1–2 Minuten anbraten und mit Gemüsebrühe ablöschen. Anschlie-ßend ca. 8–10 Minuten leicht köcheln lassen.

02 Schwarzwurzeln in einem Sieb abtrop-fen lassen und in 5 cm lange Stücke schnei-den. Lauch halbieren, putzen, waschen und in feine Halbmonde schneiden. Paprika ebenfalls halbieren, von Strunk und Kernen befreien, waschen und in 1 cm große Wür-fel schneiden.

03 Die Schwarzwurzeln ca. 3–4 Minuten vor Ende der Garzeit zu den Sojabohnen geben, die Pfanne vom Herd nehmen.

04 Paprikawürfel und Lauch in den Soja-bohnen-Schwarzwurzel-Salat mischen und diesen mit Balsamicoessig, Salz und Pfeffer marinieren.

05 Den Salbei waschen, entstielen und in feine Streifen schneiden.

06 Vor dem Servieren den Pfannensalat mit den Salbeistreifen bestreuen.

TIPP: Sojabohnen enthalten nur 6,3 Prozent Kohlenhydrate. Man kann sie vielseitig einsetzen. Zum Beispiel als Püree: Dazu die Sojabohnen in jeweils 100 ml Sahne und Wasser 8–10 Minuten köcheln lassen und anschließend mit einem Stabmixer fein pürieren. Mit Salz und Pfeffer abschmecken.

Pfannenpaprika mit griechischer Füllung

**Für 4 Personen
Zubereitungszeit: 30 Minuten**

- 4 mittelgroße oder 8 kleine Paprika-schoten (ca. 600 g)
- 2 Zwiebeln
- 2 Knoblauchzehen
- 1 Bund Lauchzwiebeln
- 50 g schwarze Oliven (entsteint, in Wasser)
- 2 EL Olivenöl
- 100 g Tomatenmark
- 250 g Tofu
- 2 Eier (Größe M)
- 50 g Leinsamen
- 300 g Schafskäse
- Salz und Pfeffer nach Geschmack

1 Portion (ca. 400 g): 460 kcal, 26 g Eiweiß (23 E%), 35 g Fett (68 E%), 10 g Kohlenhydrate (9 E%)

01 Backofen auf 160° Umluft vorheizen.

02 Von den Paprika den Deckel mit Strunk abschneiden, Schoten entkernen und waschen. Zwiebeln und Knoblauch schälen und in feine Würfel schneiden. Lauchzwiebeln waschen und in Röllchen schneiden. Oliven abtropfen lassen und vierteln.

03 In einer feuerfesten Pfanne das Olivenöl erhitzen und darin Zwiebeln, Knoblauch, Lauchzwiebeln, Oliven und Tomatenmark ca. 2–3 Minuten anbraten. Mit Salz und Pfeffer würzen. Anschließend die Pfanne beiseitestellen.

04 Tofu zerbröseln und ebenfalls in die Pfanne geben. Anschließend Eier und Leinsamen zufügen und alles gut vermengen. Die Masse gleichmäßig in die Paprika füllen und andrücken. Die gefüllten Schoten zurück in die hitzefeste Pfanne geben.

05 Den Schafskäse in dünne Scheiben schneiden und auf die gefüllten Paprikaschoten legen.

06 Die Paprikaschoten bei 160° im Backofen (Mitte) ca. 15 Minuten backen und in der Pfanne servieren.

Veggie-Thai-Curry mit Tofu und Chinakohl

Für 4 Personen
Zubereitungszeit: 30 Minuten

- 450 g Tofu
- 200 g Sojasprossen
- 250 g Chinakohl (1 kleinerer Kopf)
- 75 g Frühlingszwiebeln (ca. 6 Stängel)
- 40 g Erdnüsse (ohne Schale, geröstet, gesalzen)
- ½ Bund frischer Koriander
- 2 EL Kokosöl
- 1 TL rote Currypaste
- 100 ml fettreduzierte Kokosmilch (kleine Dose)
- 1 TL Kurkuma
- Salz und Pfeffer nach Geschmack

1 Portion (ca. 275 g): 270 kcal, 17 g Eiweiß (25 E%), 20 g Fett (65 E%), 7 g Kohlenhydrate (10 E%)

01 Tofu abgießen, trocken tupfen und in 1 cm dicke Würfel schneiden. Die Sojasprossen waschen und abtropfen lassen. Den Chinakohl gründlich waschen, vom Strunk befreien und in schmale Streifen schneiden.

02 Frühlingszwiebeln waschen und in feine Ringe schneiden. Erdnüsse klein hacken. Koriander waschen, entstielen und grob hacken.

03 Das Kokosöl in einem Wok (alternativ in einer Pfanne) erhitzen und die Currypaste darin auflösen. Erdnüsse und Tofuwürfel ca. 5 Minuten darin anbraten. Die Tofu-Nuss-Mischung anschließend aus dem Wok nehmen.

04 Nun die Frühlingszwiebeln im heißen Wok anschwitzen. Danach Chinakohl, Sojasprossen sowie Kokosmilch einrühren und ca. 5–6 Minuten schmoren. Die Tofu-Nuss-Mischung wieder zufügen und das Gericht mit Kurkuma, Salz und Pfeffer abschmecken.

05 Das Curry weitere 6–8 Minuten fertig garen und zum Servieren mit Koriander bestreuen.

TIPP: Kokosöl hat zahlreiche gesunde Eigenschaften, die selbst bei hohen Temperaturen nicht verloren gehen. Deshalb können Sie Kokosöl gut anstelle von Olivenöl verwenden, z.B. bei den Fischrezepten in diesem Ratgeber.

Kräuterbirkenpilze mit gebackenen Bohnen

Für 4 Personen
Zubereitungszeit: 25 Minuten

- ½ Bund frischer Rosmarin
- ½ Bund frischer Oregano
- ½ Bund frische Blattpetersilie
- ½ Bund frischer Thymian
- 3 EL grob gemahlener Pfeffer
- 3 EL Olivenöl
- 1 Zwiebel
- 700 g Birkenpilze (oder Champignons)
- 850 g Kidneybohnen (Abtropfgewicht, Dose)
- 150 g Blauschimmelkäse (z.B. Bavaria blu)
- Salz, weißer Pfeffer und schwarzer Pfeffer aus der Mühle nach Geschmack

1 Portion (ca. 450 g): 430 kcal, 32 g Eiweiß (30 E%), 20 g Fett (42 E%), 29 g Kohlenhydrate (28 E%)

01 Rosmarin, Oregano, Petersilie und Thymian jeweils waschen, entstielen und grob hacken. Die Kräuter mit dem grob gemahlenen Pfeffer und 1 EL Olivenöl mischen. Zwiebel schälen und fein würfeln.

02 Den Backofen auf 180° Umluft vorheizen.

03 Die Birkenpilze putzen, waschen, abtropfen lassen und halbieren. 1 EL Öl in einer für den Backofen geeigneten Pfanne erhitzen und die Pilze ca. 3–4 Minuten von allen Seiten anbraten. Anschließend aus der Pfanne nehmen und beiseitestellen.

04 Die Bohnen abtropfen lassen. 1 EL Öl in der gleichen Pfanne erhitzen und die Bohnen zusammen mit den Zwiebelwürfeln ca. 4–5 Minuten anbraten. Mit Salz und Pfeffer würzen. Die Pilze und das Kräuteröl dazugeben und untermischen.

05 Den Blauschimmelkäse in dünne Scheiben schneiden und die Bohnen damit belegen. Nun das Pfannengericht im Ofen (Mitte) 8–10 Minuten überbacken.

06 Die Kräuterpilze vor dem Servieren großzügig mit schwarzem Pfeffer aus der Mühle bestreuen.

TIPP: Wer keinen Blauschimmelkäse mag, kann diesen gut durch Camembert ersetzen.

Feurige Krabbenpfanne

**Für 4 Portionen
Zubereitungszeit: 20 Minuten**

- 300 g Pfifferlinge
- 300 g Möhren
- 500 g Spargel
- 3 Knoblauchzehen
- 2 frische rote Chilischoten
- 3 EL Sesamöl
- 200 ml Gemüsebrühe
- 2 EL Sojasauce
- 500 g Krabben (geschält, küchenfertig)
- ½ Bund frische Blattpetersilie
- Salz und Pfeffer nach Geschmack

1 Portion (ca. 420 g): 240 kcal, 29 g Eiweiß (49 E%), 10 g Fett (37 E%), 9 g Kohlenhydrate (14 E%)

01 Pfifferlinge kurz unter fließendem Wasser waschen, Stielansatz entfernen und vierteln. Möhren schälen und mit einem Gemüsehobel in Stifte hobeln. Die Spargelstangen waschen, schälen und schräg in ca. 4–5 cm lange Stücke schneiden.

02 Den Spargel in 2 Liter kochendem Salzwasser etwa 2–3 Minuten blanchieren. Anschließend abgießen und unter fließendem kaltem Wasser abschrecken.

03 Knoblauch schälen und fein würfeln. Chilischoten längs halbieren, entkernen, waschen und fein hacken.

04 Sesamöl in einer Pfanne erhitzen und den Chili zusammen mit dem Knoblauch ca. 1–2 Minuten darin anschwitzen.

05 Den abgetropften Spargel, die Pfifferlinge und die Möhrenstifte ebenfalls in die Pfanne geben und unter Rühren weitere 2–3 Minuten mitbraten. Das Gemüse mit Gemüsebrühe und Sojasauce angießen und aufkochen lassen. Krabben hinzufügen und alles weitere 3 Minuten garen. Mit Salz und Pfeffer abschmecken.

06 In der Zwischenzeit die Petersilie waschen, entstielen und grob hacken. Zum Servieren die Spargelkrabben auf Tellern anrichten und mit der Petersilie bestreuen.

Lachspfanne mit Zucchini

Für 4 Personen
Zubereitungszeit: 20 Minuten

- 400 g Lachsfilet (ohne Haut)
- Saft von 1 Zitrone
- 3 Zucchini (ca. 600 g)
- 4 rote Zwiebeln
- 1 Knoblauchzehe
- 2 EL Olivenöl
- 100 ml Gemüsebrühe
- 2 EL Kräuter Crème fraîche
- Salz, Pfeffer, Koriander, geschroteter schwarzer Pfeffer nach Geschmack

1 Portion (ca. 320 g): 290 kcal, 23 g Eiweiß (33 E%), 19 g Fett (59 E%), 6 g Kohlenhydrate (8 E%)

01 Lachsfilet waschen, trocken tupfen, in 2 cm große Würfel schneiden und mit Salz, Pfeffer und dem Saft der Zitrone würzen.

02 Zucchini waschen und in ½ cm dicke Scheiben schneiden. Die Zwiebeln schälen, halbieren und in dünne Streifen schneiden. Den Knoblauch ebenfalls schälen und fein würfeln.

03 In einer heißen Pfanne die Zwiebelstreifen im Olivenöl ca. 2–3 Minuten anbraten, die Zucchinischeiben dazugeben und weitere 4–5 Minuten mitbraten. Mit der Gemüsebrühe ablöschen und Crème fraîche zugeben. Mit Salz, Pfeffer und Koriander würzen.

04 Die Lachswürfel in die Zucchinimischung legen, vorsichtig unterheben und das Gericht weitere 3–4 Minuten fertig garen.

05 Die Lachspfanne vor dem Servieren mit geschrotetem Pfeffer bestreuen.

TIPP: Verwenden Sie für die Zucchinischeiben einen Gemüsehobel anstelle eines einfachen Messers. So sparen Sie Zeit.

Seelachscurry

Für 4 Personen
Zubereitungszeit: 15 Minuten

- 2 rote Zwiebeln
- 1 Knoblauchzehe
- 1 Stange Lauch (Porree)
- 2 Zucchini (ca. 400 g)
- 700 g Seelachsfilet
- 4 EL Olivenöl
- 1 EL Currypulver
- 1 TL Kurkuma
- ½ Bund frischer Dill
- Paprikapulver, Salz und Pfeffer nach Geschmack

1 Portion (ca. 420 g): 250 kcal, 32 g Eiweiß (51 E%), 12 g Fett (42 E%), 4 g Kohlenhydrate (7 E%)

01 Zwiebeln und Knoblauch schälen und fein würfeln. Lauch vom Wurzelwerk befreien, längs halbieren, waschen und in feine Halbmonde schneiden. Die beiden Enden der Zucchini abschneiden, waschen, längs vierteln und in 1 cm dicke Scheiben schneiden.

02 Seelachsfilet waschen, trocken tupfen und in 1 cm dünne Streifen schneiden. Mit Salz und Pfeffer würzen.

03 2 EL Öl in einer Pfanne erhitzen, Zwiebeln, Knoblauch, Lauch und Zucchini darin ca. 2–3 Minuten scharf anbraten. Mit Curry, Kurkuma, Paprika, Salz und Pfeffer würzen. Anschließend das Gemüse aus der Pfanne nehmen und beiseitestellen.

04 In derselben Pfanne erneut 2 EL Öl erhitzen und die Fischstreifen ca. 2–3 Minuten anbraten. Das Gemüse dazugeben, untermengen und alles zusammen weitere 2–3 Minuten fertig braten.

05 In der Zwischenzeit den Dill waschen, entstielen und grob hacken.

06 Zum Servieren das Seelachscurry mit dem Dill garnieren.

TIPP: Benutzen Sie immer die Kochplatte, die zur Größe Ihrer Pfanne oder Ihres Woks passt – einerseits, um schnell Hitze zu bekommen und andererseits, um unnötige Energieverluste zu vermeiden.

Forellenfilet »Hot-Spice« mit Knoblauch-Paprika-Gemüse

Für 4 Personen
Zubereitungszeit: 25 Minuten

- 4 Forellenfilets (à 180 g, küchenfertig)
- Saft von 1 Zitrone
- 2 frische rote Chilischoten
- 2 kleine gelbe Paprikaschoten (ca. 200 g)
- 4 Knoblauchzehen
- 4 EL Rapsöl
- 1 Messerspitze Sambal Oelek
- 150 ml Apfelsaft
- 50 g Frischkäse (Rahmstufe)
- 1 Bund frischer Schnittlauch
- Muskatnuss, Salz und Pfeffer nach Geschmack

1 Portion (ca. 310 g): 335 kcal, 37 g Eiweiß (45 E%), 17 g Fett (45 E%), 8 g Kohlenhydrate (10 E%)

01 Forellenfilets waschen, trocken tupfen, mit Zitronensaft beträufeln und mit Salz und Pfeffer würzen.

02 Chilischoten waschen, längs halbieren, entkernen und in feine Streifen schneiden. Paprikaschoten ebenfalls halbieren und entkernen, waschen und in 2 cm große Würfel zerkleinern. Knoblauch schälen und in feine Scheiben schneiden.

03 2 EL Öl in einer Pfanne erhitzen und die Forellenfilets von beiden Seiten ca. 1–2 Minuten anbraten. Anschließend aus der Pfanne nehmen und beiseitestellen.

04 Das restliche Öl in derselben Pfanne erhitzen und die Paprikawürfel zusammen mit dem Knoblauch, dem Sambal Oelek und den Chilischoten ca. 2–3 Minuten darin anbraten. Mit Salz und Pfeffer würzen.

05 Das Paprikagemüse mit Apfelsaft ablöschen, den Frischkäse unterrühren und alles mit Muskat, Salz und Pfeffer abschmecken. Die Filets dazugeben und beides ca. 5–6 Minuten fertig garen.

06 In der Zwischenzeit den Schnittlauch waschen und in feine Röllchen schneiden.

07 Vor dem Servieren die Forellenfilets und das Knoblauch-Paprika-Gemüse mit den Schnittlauchröllchen bestreuen.

TIPP: Anstelle der Forellenfilets können Sie auch Lachsfilets verwenden.

Matjespfanne mit Pfifferling-Rucola-Salat

Für 4 Personen
Zubereitungszeit: 15 Minuten

- 200 g Rucola
- 400 g Pfifferlinge
- 1 Bund Frühlingszwiebeln
- 3 Thymianzweige
- 3 EL Olivenöl
- 50 g Erdnüsse (geröstet, ungesalzen)
- 600 g Matjesfilet (ca. 8 Filets)
- 1 EL Aceto Balsamico (hell)
- grobes Meersalz und Pfeffer nach Geschmack

1 Portion (ca. 330 g): 545 kcal, 30 g Eiweiß (22 E%), 45 g Fett (74 E%), 5 g Kohlenhydrate (4 E%)

01 Rucola verlesen, waschen und abtropfen lassen. Pfifferlinge kurz waschen und vierteln. Frühlingszwiebeln waschen, vom Wurzelwerk befreien und in feine Röllchen schneiden. Thymianzweige abzupfen.

02 2 EL Öl in einer Pfanne erhitzen und die Pfifferlinge darin ca. 2–3 Minuten scharf anbraten. Erdnüsse, Thymian und Frühlingszwiebeln dazugeben und 1–2 Minuten mit anbraten.

03 Währenddessen die Matjesfilets waschen, trocken tupfen und in 1 cm dicke Streifen schneiden. Anschließend mit grobem Meersalz und Pfeffer würzen. Den Fisch nun ebenfalls in die Pfanne geben und weitere 1–2 Minuten mitbraten.

04 Mit Balsamicoessig, 1 EL Olivenöl, Salz und Pfeffer würzen.

05 Zum Servieren den Rucola unterheben und das Gericht nochmals mit Pfeffer und Meersalz nachwürzen.

TIPP: Die Erdnuss ist eigentlich eine Hülsenfrucht und reift in der Erde. Je nach Sorte wachsen in den Hülsen zwei bis drei rundliche bis längliche Erdnüsse heran. Die Hülsenfrüchte haben viel gesundes Eiweiß und Vitamine, vor allem die Vitamine B und E. Ihr Kohlenhydratgehalt liegt gerade mal bei 8,3 Prozent. In kleinen Mengen eignen sie sich auch mal als Snack für zwischendurch.

Kohlrabipfanne mit geräuchertem Aal

Für 4 Personen
Zubereitungszeit: 20 Minuten

- 300 g geräucherter Aal (ohne Haut und Gräten)
- Saft von 1 Zitrone
- 4 Kohlrabi (ca. 600 g)
- 1 Aubergine (ca. 250 g)
- 2 Zwiebeln
- 1 Knoblauchzehe
- 2 EL Olivenöl
- 100 ml Gemüsebrühe
- 2 EL Crème fraîche mit Kräutern
- 2 g Koriander (getrocknet)
- 1 EL Dillspitzen (getrocknet)
- Salz und Pfeffer, geschroteter schwarzer Pfeffer nach Geschmack

1 Portion (ca. 300 g): 360 kcal, 16 g Eiweiß (19 E%), 29 g Fett (74 E%), 7 g Kohlenhydrate (7 E%)

01 Aal in 2 cm große Würfel schneiden und mit dem Saft der Zitrone würzen.

02 Kohlrabi schälen und in 1 cm dicke Stifte schneiden. Von der Aubergine die beiden Enden abschneiden, die Frucht waschen, der Länge nach halbieren und in ½ cm dicke Scheiben zerkleinern. Die Zwiebeln schälen, halbieren und in dünne Streifen schneiden. Den Knoblauch schälen und fein würfeln.

03 In einer heißen Pfanne die Zwiebelstreifen mit dem gewürfelten Knoblauch in Olivenöl ca. 2–3 Minuten anbraten. Kohlrabistifte und Auberginenscheiben dazugeben und weitere 6–8 Minuten mitbraten. Mit der Gemüsebrühe ablöschen und Crème fraîche untermengen. Mit Salz, Pfeffer und Koriander abschmecken.

04 Anschließend die Aalwürfel in die Kohlrabipfanne legen, vorsichtig unterheben und alles zusammen weitere 3–4 Minuten fertig garen.

05 Das Pfannengericht vor dem Servieren mit schwarzem Pfeffer und Dill bestreuen.

TIPP: Anstelle des Aals können Sie auch geräuchertes Forellenfilet verwenden.

Kürbiswokpfanne mit Schollenfilet

Für 4 Portionen
Zubereitungszeit: 25 Minuten

- 1 Salatgurke
- 1 kg Kürbis (z. B. Hokkaido)
- 100 g Macadamianüsse
- 400 g Schollenfilet (küchenfertig)
- 3 EL Kokosöl
- 4 EL Sauerrahm
- Muskat, Salz und Pfeffer nach Geschmack

1 Portion (ca. 400 g): 420 kcal, 23 g Eiweiß (22 E%), 31 g Fett (67 E%), 11 g Kohlenhydrate (11 E%)

01 Die Gurke schälen, längs halbieren und in feine Halbmonde schneiden. Den Kürbis schälen, entkernen und in kleine Würfel schneiden.

02 Inzwischen die Macadamianüsse grob hacken und ohne Fett im Wok ca. 1–2 Minuten anrösten, danach herausnehmen und beiseitestellen.

03 Schollenfilets waschen, trocken tupfen und in feine Streifen schneiden.

04 Kokosöl im Wok erhitzen und den Kürbis und die Gurken darin 5–6 Minuten anbraten, Schollenfilets dazugeben und alles zusammen weitere 4–5 Minuten fertig braten. Mit Muskat, Salz und Pfeffer abschmecken.

05 Kurz vor Ende der Garzeit vorsichtig den Sauerrahm unterheben.

06 Vor dem Verzehr die Kürbiswokpfanne mit den Macadamianüssen bestreuen.

TIPP: Stellen Sie selbst Kürbiskerne für Ihre nächste Pfanne her. Dazu die Kerne aus dem Hokkaidokürbis waschen und sorgfältig vom Fruchtfleisch befreien. Die Kerne dann in einer Pfanne ohne Fett 4–5 Minuten goldbraun anrösten und zum nächsten Pfannengericht dazugeben.

Thunfischpfanne mit Artischocken

Für 4 Personen
Zubereitungszeit: 15 Minuten

- 3 rote Zwiebeln (ca. 150 g)
- 1 Knoblauchzehe
- 2 Stange Lauch (Porree)
- 300 g Artischockenherzen (Abtropf-
  gewicht, Dose)
- 700 g Thunfischfilet (küchenfertig)
- 4 EL Olivenöl
- 1 EL Currypaste
- ½ Bund frischer Kerbel
- Paprikapulver, Salz und Pfeffer nach
  Geschmack

1 Portion (ca. 355 g): 590 kcal, 51 g Eiweiß (35 E%), 41 g
Fett (62 E%), 5 g Kohlenhydrate (4 E%)

01 Zwiebeln und Knoblauch schälen und
fein würfeln. Lauch putzen, längs halbieren,
waschen und in feine Halbmonde schneiden. Die Artischocken in ein Sieb abgießen
und vierteln.

02 Thunfischfilet waschen, trocken tupfen
und in 1 cm dünne Streifen schneiden. Mit
Salz und Pfeffer würzen.

03 2 EL Öl in einer Pfanne erhitzen und
darin Zwiebeln, Knoblauch, Lauch und Artischocken ca. 2–3 Minuten scharf anbraten.
Mit Currypaste, Paprika, Salz und Pfeffer
würzen. Anschließend das Gemüse aus der
Pfanne nehmen und beiseitestellen.

04 In derselben Pfanne die restlichen 2 EL
Öl erhitzen und die Thunfischstreifen ca.
2–3 Minuten darin anbraten. Das Gemüse
zufügen, unterheben und alles zusammen
für weitere 2–3 Minuten braten.

05 In der Zwischenzeit den Kerbel waschen,
entstielen und grob hacken.

06 Zum Servieren die Thunfischpfanne mit
Kerbel bestreuen.

TIPP: Die Garzeit verkürzt sich auto-
matisch, wenn Sie Fisch, Fleisch und
Gemüse kleiner schneiden.

Bunte Fischpfanne mit weißen Rüben

Für 4 Personen
Zubereitungszeit: 20 Minuten

- 400 g weiße Rüben
- 2 frische rote Chilischoten (ca. 50 g)
- 20 g Butterschmalz
- 2 Schollenfilets (à 100 g, küchenfertig)
- 2 Dorschfilets (à 100 g, küchenfertig)
- ½ l Fischfond (oder Gemüsefond)
- Saft von 1 Zitrone
- 2 rote Paprikaschoten
- 1 Bund frischer Dill
- Salz und Pfeffer nach Geschmack

1 Portion (ca. 400 g): 170 kcal, 20 g Eiweiß (48 E%), 7 g Fett (37 E%), 6 g Kohlenhydrate (15 E%)

01 Weiße Rüben schälen, halbieren und in dünne Halbmonde schneiden. Chilischoten waschen, längs halbieren, entkernen und zu feinen Streifen zerkleinern.

02 Butterschmalz in einer Pfanne erhitzen und die weißen Rüben mit den Chilischoten ca. 3–4 Minuten anbraten.

03 In Zwischenzeit die Fischfilets waschen, trocken tupfen und in 2 cm große Stücke schneiden. Den Fisch zu den Rüben geben, mit Fischfond ablöschen und ca. 4–5 Minuten leicht köcheln lassen. Mit Salz, Pfeffer und dem Zitronensaft würzen.

04 Paprikaschoten halbieren, entkernen, waschen in 1 cm große Würfel schneiden, zur Fischpfanne geben und ca. 3–4 Minuten fertig garen.

05 Vor dem Servieren die Fischpfanne mit dem gewaschenen und gehackten Dill bestreuen.

TIPP: Anstelle des frischen Fischfilets können Sie auch geräucherte, küchenfertige Fische wie Aal oder Forelle verwenden. Dazu die Fischstücke in den fertigen Fisch-Gemüse-Fond geben und einfach nur 1–2 Minuten erhitzen.

Geschmorter Römersalat im Speckmantel

Für 4 Personen
Zubereitungszeit: 25 Minuten

- 2 Grapefruits (ca. 400 g)
- 2 EL Traubenkernöl
- 1 TL Honig
- 8 Römersalatherzen (ca. 600 g)
- 140 g Bauchspeck (ca. 8 Scheiben)
- 2 EL Olivenöl
- 50 g Walnüsse (gehackt)
- 50 g Pistazien (geröstet)
- Salz und Pfeffer nach Geschmack

1 Portion (ca. 305 g): 585 kcal, 7g Eiweiß (5 E%), 57 g Fett (88 E%), 11 g Kohlenhydrate (7 E%)

01 Die Grapefruits von der Schale und der weißen Haut befreien. Die Fruchtfilets zwischen den Trennhäuten mit einem scharfen Messer herauslösen und den Saft auffangen. Für das Dressing 4 EL Grapefruitsaft mit dem Traubenkernöl und dem Honig verquirlen und mit Salz und Pfeffer abschmecken.

02 Die Römersalatherzen waschen, die äußeren Blätter entfernen und den Strunk großzügig herausschneiden. Nun die Stauden mit den Speckscheiben umwickeln und in einer heißen Pfanne mit dem Olivenöl von allen Seiten ca. 8 Minuten schmoren.

03 Kurz vor Ende der Garzeit die Walnüsse und Pistazien in die Pfanne geben und etwa 2–3 Minuten mitrösten.

04 Zum Servieren das Dressing über die geschmorten Römersalatstauden träufeln und das Gericht mit den Grapefruitfilets garnieren.

Überbackenes Haschee

Für 4 Personen
Zubereitungszeit: 30 Minuten

- 1 Stange Lauch (Porree)
- 250 g Pfifferlinge
- 250 g Möhren
- 2 rote Paprika
- 2 EL Rapsöl
- 400 g Hackfleisch (gemischt)
- 200 g Créme fraîche
- 1 Bund Frühlingszwiebeln
- 125 g Mozzarella
- Salz und Pfeffer nach Geschmack

1 Portion (ca. 410 g): 520 kcal, 29 g Eiweiß (23 E%), 39 g Fett (68 E%), 12 g Kohlenhydrate (9 E%)

01 Backofen auf 180° Umluft vorheizen.

02 Lauch längs halbieren, putzen, waschen und in feine Streifen schneiden. Pfifferlinge säubern und vierteln. Möhren schälen und in feine Stifte schneiden. Paprika halbieren, entkernen, waschen und fein würfeln.

03 Das Öl in einer großen feuerfesten Pfanne erhitzen und das Hackfleisch darin ca. 3–4 Minuten kräftig anbraten. Mit Salz und Pfeffer würzen. Das Gemüse dazugeben und weitere 3–4 Minuten mitbraten. Anschließend Créme fraîche zufügen und unter gelegentlichem Rühren in ca. 2–3 Minuten fertig garen.

04 In der Zwischenzeit die Frühlingszwiebeln waschen, putzen und in feine Röllchen schneiden. Mozzarella in dünne Scheiben schneiden.

05 Die Hackfleischpfanne mit den Frühlingszwiebelröllchen bestreuen und den Mozzarellascheiben belegen.

06 Im Backofen (Mitte) ca. 4–5 Minuten überbacken. Anschließend servieren.

TIPP: Anstelle der Pfifferlinge können Sie auch Champignons oder Steinpilze verwenden.

Bunte Kohlpfanne

Für 4 Personen
Zubereitungszeit: 20 Minuten

- ½ Wirsing (ca. 500 g)
- ½ Rotkohl (ca. 500 g)
- 1 Zwiebel
- 4 EL Rapsöl
- 400 g Rinderhackfleisch
- 200 g Schlagsahne
- 200 ml Gemüsebrühe
- Salz, Pfeffer und gemahlener Kümmel nach Geschmack

1 Portion (ca. 440 g): 500 kcal, 26 g Eiweiß (21 E%), 40 g Fett (72 E%), 9 g Kohlenhydrate (7 E%)

01 Wirsing und Rotkohl von den äußeren Blättern und dem Strunk befreien, halbieren und fein hobeln.

02 Zwiebel schälen und halbieren. In feine Streifen schneiden.

03 In einer heißen Pfanne das Hackfleisch und die Zwiebeln in 2 EL Rapsöl ca. 3–4 Minuten scharf anbraten. Anschließend aus der Pfanne nehmen und beiseitestellen.

04 In der gleichen Pfanne weitere 2 EL Öl erhitzen und den Kohl darin ca. 6–8 Minuten anschwitzen. Anschließend das Rinderhack zugeben und weitere 2–3 Minuten mitbraten.

05 Mit Sahne und Brühe ablöschen, mit Salz, Pfeffer und Kümmel abschmecken.

06 Die Kohlpfanne kräftig durchmischen und servieren.

TIPP: Wer dieses Gericht gerne vegetarisch genießen möchte, kann das Rinderhackfleisch durch körnigen Frischkäse ersetzen.

Bratwurstpfanne mit Sauerkraut

Für 4 Personen
Zubereitungszeit: 25 Minuten

- 500 g Sauerkraut (Dose, ohne Zucker)
- 400 g Bratwürste (gebrüht)
- 2 EL Rapsöl
- 2 Bund Frühlingszwiebeln
- 3 Zwiebeln
- ½ TL Pfefferkörner
- 2 Lorbeerblätter
- 4–5 Wacholderbeeren
- 100 ml Sahne
- 100 ml Gemüsebrühe
- ½ Bund Schnittlauch
- Salz, Pfeffer und gemahlener Kümmel nach Geschmack

1 Portion (ca. 345 g): 450 kcal, 16 g Eiweiß (15 E%), 40 g Fett (81 E%), 4 g Kohlenhydrate (4 E%)

01 Sauerkraut in einem Sieb abtropfen lassen und kurz unter fließendem Wasser abspülen.

02 Bratwürste in einer heißen Pfanne mit 1 EL Rapsöl von allen Seiten anbraten. Anschließend erkalten lassen und in 1 cm dicke Scheiben schneiden.

03 Frühlingszwiebeln putzen, waschen und in kleine Röllchen schneiden. Die Zwiebeln schälen, halbieren und in feine Streifen zerkleinern. In der gleichen Pfanne 1 EL Rapsöl erhitzen und darin Sauerkraut, Frühlingszwiebeln, Zwiebeln, Pfefferkörner, Lorbeerblätter und Wacholderbeeren ca. 10–15 Minuten bei geringer Hitze anbraten.

04 Das Kraut mit Sahne und Gemüsebrühe ablöschen. Dann die Bratwurstscheiben dazugeben und das Ganze mit Salz, Pfeffer und Kümmel abschmecken.

05 Schnittlauch waschen, trocken schütteln und in feine Röllchen schneiden.

06 Die Bratwurstpfanne kräftig durchmischen, mit den Schnittlauchröllchen bestreuen und servieren.

TIPP: Achten Sie beim Kauf der Bratwürste auf die Zutatenliste. Häufig finden sich in Wurstwaren versteckte Kohlenhydrate z. B. in Form von Saccharose oder Glukose.

Schweinefilet aus dem Wok

Für 4 Personen
Zubereitungszeit: 20 Minuten

- 2 weiße Zwiebeln
- 1 Knoblauchzehe
- 8 Stangen Frühlingszwiebeln (ca. 150 g)
- 1 Aubergine (ca. 300 g)
- 700 g Schweinefilet
- 4 EL Olivenöl
- 200 g Bambussprossen (Abtropf- gewicht, Dose)
- 1 TL Sesam
- 1 EL Currypulver
- ½ Bund frischer Koriander
- Paprikapulver, Salz und Pfeffer nach Geschmack

1 Portion (ca. 345 g): 310 kcal, 41 g Eiweiß (54 E%), 14 g Fett (41 E%), 4 g Kohlenhydrate (5 E%)

01 Zwiebeln und Knoblauch schälen und fein würfeln. Frühlingszwiebeln vom Wurzelwerk befreien, waschen und in kleine Röllchen schneiden. Die beiden Enden der Aubergine abschneiden, die Frucht waschen, längs vierteln und in 1 cm dicke Scheiben schneiden.

02 Schweinefilet waschen, trocken tupfen und in 1 cm dünne Streifen schneiden. Mit Salz und Pfeffer würzen. 2 EL Öl in einem Wok (oder alternativ in einer Pfanne) erhitzen und Zwiebeln, Knoblauch, Frühlingszwiebeln und Auberginen darin ca. 4–5 Minuten scharf anbraten. Mit Paprikapulver, Curry, Salz und Pfeffer würzen. Anschließend das Gemüse aus dem Wok nehmen und beiseitestellen.

03 Die Bambussprossen in einem Sieb abtropfen lassen.

04 Im Wok 2 EL Öl erhitzen und die Filetstreifen ca. 2–3 Minuten darin anbraten. Das Gemüse, die Bambussprossen und den Sesam dazugeben, alles mischen und weitere 6–8 Minuten fertig braten.

05 In der Zwischenzeit den Koriander waschen, entstielen und grob hacken. Vor dem Servieren die Schweinefilet-Gemüse-Wokpfanne mit dem Koriander garnieren.

TIPP: Anstelle des Schweinefilets können Sie auch Fischfilets wie z.B. Seelachs verwenden.

Roastbeefstreifen mit Austernpilzen

Für 4 Personen
Zubereitungszeit: 20 Minuten

- 600 g Roastbeef
- 40 g Butterschmalz
- 1 Zwiebel
- 2 rote Paprika
- 1 Bund frischer Kerbel
- 600 g Austernpilze
- 200 ml Gemüsebrühe
- 100 g Sauerrahm
- 250 g Frischkäse (Doppelrahmstufe)
- 1 EL Speisestärke
- 4 EL kaltes Wasser
- Muskat, Salz und Pfeffer nach Geschmack

1 Portion (ca. 535 g): 650 kcal, 42 g Eiweiß (26 E%), 48 g Fett (65 E%), 15 g Kohlenhydrate (9 E%)

01 Das Roastbeef waschen, von Sehnen befreien und in feine Streifen schneiden. Die Hälfte vom Butterschmalz in einer Pfanne erhitzen und die Roastbeefstreifen darin 3–4 Minuten scharf anbraten. Mit Salz und Pfeffer würzen. Anschließend das Fleisch aus der Pfanne nehmen und beiseitestellen.

02 Für das Pilzgemüse die Zwiebel schälen und fein würfeln. Paprika halbieren, entkernen, waschen und in grobe Würfel schneiden. Kerbel waschen, trocken schütteln und fein hacken. Einige Blätter für die spätere Garnierung beiseitelegen. Austernpilze putzen und vierteln.

03 In der Pfanne das restliche Butterschmalz erhitzen. Zwiebel, Pilze und Paprika darin ca. 2–3 Minuten scharf anbraten und anschließend mit der Gemüsebrühe ablöschen. Sauerrahm und Frischkäse zufügen.

04 Die Speisestärke im Wasser lösen.

05 Die Austernpilzmischung mit Muskat, Salz und Pfeffer abschmecken. Nun die Speisestärke einrühren und alles kurz aufkochen lassen. Dann den Kerbel dazugeben und das Gericht nochmals 1–2 Minuten köcheln lassen. Die Roastbeefstreifen dazugeben und für weitere 1–2 Minuten mitgaren.

06 Vor dem Servieren die Roastbeefpfanne mit Kerbel garnieren.

TIPP: Kerbel können Sie sich auch in Form einer Topfpflanze (entspricht ca. 2 Bund) zulegen. Er ist eine schmackhafte Zutat, die in mehreren Rezepten in diesem Ratgeber vorkommt. Somit müssen Sie nicht jedes Mal einen frischen Bund kaufen.

Gefüllte Kalbsroulade mit Grünkohlcremegemüse

Für 4 Personen
Zubereitungszeit: 35 Minuten

- 600 g Kalbsrückensteaks (4 Stück)
- 100 g getrocknete Tomaten (in Öl)
- 100 g Schafskäse
- 1 Ei (Größe M)
- 2 EL Olivenöl
- 500 g Grünkohl
- 3 Schalotten
- 100 g Frischkäse (Doppelrahmstufe)
- Muskat, Salz und Pfeffer nach Geschmack
- 4 Zahnstocher (oder Bindfaden)

1 Portion (ca. 350 g): 420 kcal, 44 g Eiweiß (42 E%), 25 g Fett (54 E%), 4 g Kohlenhydrate (4 E%)

01 Die Kalbssteaks waschen, trocken tupfen, quer einschneiden (sodass es wie ein Schmetterling aussieht) und zwischen zwei Folien (z. B. in einem Gefrierbeutel) flach klopfen.

02 Für die Füllung die getrockneten Tomaten abtropfen lassen und fein würfeln. Den Schafskäse ebenfalls in kleine Würfel schneiden. Tomaten und Schafskäse nun mit dem Ei vermengen und mit Muskat, Salz und Pfeffer würzen.

03 Die Kalbssteaks von beiden Seiten mit Salz und Pfeffer würzen. Anschließend die Füllung gleichmäßig auf der Oberseite des Fleisches verteilen. Dieses nun zu einer Roulade einrollen und mit einem Zahnstocher fixieren.

04 1 EL Öl in einer beschichteten Pfanne erhitzen und die Rouladen ca. 5–6 Minuten von allen Seiten anbraten. Anschließend aus der Pfanne nehmen und beiseitestellen.

05 In der Zwischenzeit den Grünkohl gründlich waschen, Stiele abschneiden, Blätter in feine Streifen schneiden. Dann die Schalotten schälen, halbieren und ebenfalls in feine Streifen schneiden.

06 In der gleiche Pfanne 1 EL Öl erhitzen und den Grünkohl mit den Schalottenstreifen ca. 2–3 Minuten anbraten. Mit Salz und Pfeffer würzen. Anschließend den Frischkäse zugeben und das Ganze etwa 1–2 Minuten köcheln lassen.

07 Das Fleisch zum Grünkohl geben und das Pfannengericht weitere 6–8 Minuten fertig garen.

08 Vor dem Servieren die Rouladen von den Zahnstochern befreien.

TIPP: Anstelle des etwas teureren Kalbfleisches können Sie auch Putenschnitzel verwenden.

Bohnenpfanne mit Rinderfiletmedaillons

Für 4 Personen
Zubereitungszeit: 25 Minuten

- 400 g Keniabohnen (extra dünn)
- 200 g Kidneybohnen (Dose, Abtropf-gewicht)
- 200 g Pfifferlinge
- 1 gelbe Paprika
- 2 rote Zwiebeln
- 300 g Rinderfilet
- 3 EL Olivenöl
- 2 g Rosmarin (getrocknet)
- Salz, Pfeffer und Paprika (edelsüß) nach Geschmack

1 Portion (ca. 320 g): 260 kcal, 25 g Eiweiß (39 E%), 11 g Fett (39 E%), 14 g Kohlenhydrate (22 E%)

01 Keniabohnen putzen, waschen und halbieren. Kidneybohnen abgießen. Pfifferlinge kurz unter fließendem Wasser waschen und vierteln. Paprika halbieren, Kerne entfernen und grob würfeln. Zwiebeln schälen, halbieren und in feine Streifen schneiden.

02 Das Rinderfilet waschen, trocken tupfen und in dünne Medaillons schneiden.

03 In einer heißen Pfanne die Fleischstücke in 2 EL Olivenöl 2–3 Minuten anbraten. Mit Salz, Pfeffer würzen, aus der Pfanne nehmen und beiseitestellen.

04 In der gleiche Pfanne 1 EL Olivenöl erhitzen und darin die Keniabohnen mit den Zwiebeln und den Paprikawürfeln 5–6 Minuten anbraten.

05 Die Pfifferlinge und die Kidneybohnen dazugeben und 3–4 Minuten mitbraten. Mit Salz, Pfeffer und Paprika würzen.

06 Dann das Rinderfilet zufügen und das Ganze weitere 2–3 Minuten fertig garen.

07 Vor dem Servieren die Bohnenpfanne mit Rosmarin bestreuen.

Gratinierte Lammkoteletts mit Fetakäse

Für 4 Personen
Zubereitungszeit: 20 Minuten

- 800 g Lammkoteletts (ca. 16 Stück)
- 2 g Rosmarin (getrocknet)
- 4 Strauchtomaten
- 300 g Kirschtomaten
- 200 g Fetakäse
- 2 EL Olivenöl
- 200 g gekochter Schinken
  (ca. 8 Scheiben)
- Salz und Pfeffer, roter Pfeffer aus der
  Mühle nach Geschmack

1 Portion (ca. 360 g): 405 kcal, 40 g Eiweiß (40 E%),
25 g Fett (55 E%), 6 g Kohlenhydrate (5 E%)

01 Lammkoteletts waschen, trocken tupfen und flach klopfen. Anschließend mit Salz, Pfeffer und Rosmarin würzen.

02 Die Strauchtomaten waschen, die Strünke entfernen und die Tomaten in jeweils 8 etwa 1 cm dicke Scheiben schneiden. Die Kirschtomaten ebenfalls waschen. Den Fetakäse in 16 Scheiben zerteilen.

03 Backofen auf 180° Umluft vorheizen.

04 Olivenöl in einer feuerfesten Pfanne erhitzen und die Lammkoteletts darin ca. 1–2 Minuten von jeder Seite anbraten.

05 Die Koteletts in der Pfanne jeweils mit ½ Scheibe Schinken, 2 Tomatenscheiben und 1 Scheibe Fetakäse belegen. Die Kirschtomaten in die Pfanne geben.

06 Nun die Lammkoteletts im Backofen (Mitte) ca. 5–6 Minuten gratinieren.

07 Vor dem Servieren das Gericht nach Geschmack mit rotem Pfeffer würzen.

Hackbällchen mit Kürbis

Für 4 Personen
Zubereitungszeit: 30 Minuten

- 400 g Hackfleisch (gemischt)
- 1 Ei (Größe L)
- 50 g Sesam
- 3 g Majoran (getrocknet)
- 20 g Butterschmalz
- 3 Zwiebeln
- 1 rote Paprika
- 600 g Kürbis (z. B. Hokkaido)
- 1 Bund Frühlingszwiebeln
- Salz, Pfeffer und Chilipulver nach Geschmack

1 Portion (ca. 320 g): 420 kcal, 27 g Eiweiß (26 E%), 30 g Fett (64 E%), 11 g Kohlenhydrate (10 E%)

01 Hackfleisch mit dem Ei und Sesam vermengen. Mit Salz, Pfeffer und Majoran würzen. Anschließend die Hackfleischmasse zu murmelgroßen Kugeln formen.

02 Die Hälfte vom Butterschmalz in einer großen Pfanne erhitzen und die Hackfleischkügelchen darin ca. 6–8 Minuten anbraten. Das angebratene Fleisch aus der Pfanne nehmen und beiseitestellen.

03 In Zwischenzeit die Zwiebeln schälen, halbieren und in feine Streifen schneiden. Paprika halbieren, entkernen, waschen und fein würfeln. Den Kürbis ebenfalls halbieren, entkernen und in kleine Würfel schneiden.

04 In der Pfanne das restliche Butterschmalz erhitzen und die Zwiebel zusammen mit dem Paprika und dem Kürbis darin ca. 5–6 Minuten anbraten. Die Fleischkügelchen dazugeben, alles mit Salz, Pfeffer und Chilipulver würzen und weitere 4–5 Minuten fertig braten.

05 Frühlingszwiebeln waschen, putzen und in feine Röllchen schneiden und vor dem Servieren über die Hackbällchenpfanne geben.

TIPP: Wenn Sie die Schale vom Hokkaido-Kürbis mitessen möchten, waschen Sie diesen gründlich. Wer ganz sicher gehen will, dass die Schale keine Schadstoffe enthält, kann den Kürbis von September bis tief in die Wintermonate hinein auch aus Bio-Anbau kaufen.

Putenfleischpfanne asiatisch

Für 4 Personen
Zubereitungszeit: 40 Minuten

- 50 g Dinkelkörner
- 10 g Sesam
- 1 Stück frischer Ingwer (ca. 20 g)
- 200 g Weißkohl
- 300 g Brokkoli
- 500 g Putenschnitzel
- 2 EL Sojasauce
- 5 EL Rapsöl
- 250 g Sojasprossen
- ½ Bund frische Blattpetersilie
- Salz und Pfeffer nach Geschmack

1 Portion (ca. 330 g): 280 kcal, 16 g Eiweiß (24 E%), 18 g Fett (55 E%), 15 g Kohlenhydrate (21 E%)

01 Dinkelkörner waschen und in ¼ Liter Salzwasser in einem Topf ca. 15–20 Minuten gar kochen. In der Zwischenzeit den Sesam in einer Pfanne ohne Fett ca. 2–3 Minuten anrösten. Den Ingwer schälen und fein würfeln. Weißkohl halbieren, vom Strunk befreien und in feine Streifen hobeln. Brokkoli in kleinere Röschen teilen und waschen.

02 Die Putenschnitzel waschen, trocken tupfen und in 1 cm dicke Streifen schneiden. Nun die Sojasauce mit den Ingwerwürfelchen vermischen und die Putenfleischstreifen 2–3 Minuten darin marinieren.

03 3 EL Öl in einem Wok (alternativ in einer Pfanne) erhitzen und das Fleisch ca. 4–5 Minuten von allen Seiten anbraten. Anschließend aus der Pfanne nehmen und beiseitestellen.

04 In demselben Bratgefäß 2 EL Öl erhitzen, Weißkohl und Brokkoli darin 5–6 Minuten anschwitzen. Das Putenfleisch dazugeben und mit Salz und Pfeffer würzen.

05 Den Dinkel abgießen und zu den Zutaten in den Wok geben. Die Sojasprossen waschen, trocken schütteln und ebenfalls zugeben. Mit Salz und Pfeffer abschmecken.

06 Blattpetersilie waschen, die Blätter klein zupfen und zusammen mit dem Sesam über die Fleischpfanne streuen und servieren.

Schmorhähnchenpfanne

Für 4 Personen
Zubereitungszeit: 45 Minuten

- 1 kg Hähnchenkeulen
- 5 Zwiebeln
- 4 Knoblauchzehen
- 2 EL Olivenöl
- 1 Knollensellerie (ca. 400 g)
- 2 Zucchini (ca. 400 g)
- 5 g Thymian (getrocknet)
- 200 ml Rotwein (halbtrocken)
- 375 g geschälte Tomaten (Dose)
- Salz und Pfeffer nach Geschmack

1 Portion (ca. 510 g): 360 kcal, 27 g Eiweiß (30 E%), 20 g Fett (49 E%), 10 g Kohlenhydrate (11 E%), 5 g Alkohol (10 E%)

01 Backofen auf 160° Umluft vorheizen.

02 Hähnchenkeulen waschen und trocken tupfen.

03 Zwiebeln und Knoblauch schälen und vierteln. In einer feuerfesten Pfanne Olivenöl erhitzen und darin Zwiebeln und Knoblauch zusammen mit den Hähnchenkeulen 4–5 Minuten rundum scharf anbraten.

04 Den Knollensellerie schälen, vierteln und grob würfeln. Zucchini waschen, der Länge nach vierteln und ebenfalls in kleine Stücke schneiden. Das Gemüse zusammen mit den Hähnchenkeulen weitere 3–4 Minuten anbraten.

05 Mit Thymian, Salz und Pfeffer würzen. Anschließend mit dem Rotwein und den geschälten Tomaten ablöschen.

06 Nun die Hähnchenkeulen im vorgeheizten Backofen (Mitte) ca. 30 Minuten schmoren. Anschließend in der Pfanne servieren.

TIPP: Wenn Kinder mitessen, können Sie anstelle des Rotweins roten Traubensaft verwenden.

Westernpfanne mit Hähnchensteaks und Zuckerschoten

Für 4 Personen
Zubereitungszeit: 25 Minuten

- 400 g Zuckererbsenschoten
- 2 rote Paprika
- 400 g Champignons
- 2 Zwiebeln
- 300 g Hähnchenfilet
- 3 EL Olivenöl
- 2 g Thymian (getrocknet)
- Salz, Pfeffer und Paprika (edelsüß)

1 Portion (ca. 360 g): 250 kcal, 27 g Eiweiß (43 E%), 9 g Fett (32 E%), 15 g Kohlenhydrate (25 E%)

01 Zuckerschoten putzen und waschen. Paprika halbieren, Kerne entfernen und fein würfeln. Champignons kurz unter fließendem Wasser waschen, dann vierteln. Zwiebeln schälen, halbieren und in feine Streifen schneiden.

02 Hähnchenfilets waschen, trocken tupfen und in dünne Medaillons schneiden. Die Fleischstücke in einer heißen Pfanne mit 2 EL Olivenöl 2–3 Minuten anbraten. Mit Salz, Pfeffer würzen, aus der Pfanne nehmen und beiseitestellen.

03 In der gleiche Pfanne 1 EL Olivenöl erhitzen und darin die Zuckerschoten, die Zwiebeln und die Paprikawürfel 5–6 Minuten anbraten.

04 Die Champignons dazugeben und weitere 3–4 Minuten braten. Mit Salz, Pfeffer und Paprika abschmecken.

05 Die Hähnchenfilets ebenfalls zufügen und abschließend das Ganze 2–3 Minuten fertig braten.

06 Zum Servieren die Westernpfanne mit Thymian bestreuen.

TIPP: Zuckererbsenschoten können Sie auch roh verzehren, z. B. indem Sie sie nach dem Waschen und Putzen in feine Streifen schneiden und zu einem Salat geben.

Pfannengyros »mal anders« – in heißer Zazikisauce

Für 4 Personen
Zubereitungszeit: 35 Minuten

- 600 g Putenbrust (am Stück)
- 4 EL Olivenöl
- 2 EL Aceto Balsamico (hell)
- 1 TL Schwarzkümmel (ganz)
- 1 EL Senf (mittelscharf)
- 2 g Basilikum (getrocknet)
- 2 g Oregano (getrocknet)
- ½ TL Currypulver
- 4 Zwiebeln
- 3 Knoblauchzehen
- 2 Salatgurken (ca. 800 g)
- 250 g Crème fraîche
- 250 g Quark (Magerstufe)
- Salz, Pfeffer und Cayennepfeffer nach Geschmack

1 Portion (ca. 485 g): 525 kcal, 48 g Eiweiß (37 E%), 32 g Fett (55 E%), 11 g Kohlenhydrate (8 E%)

01 Die Putenbrust waschen und in feine Streifen schneiden. Zum Marinieren 2 EL Olivenöl, Balsamico, Schwarzkümmel, Senf, Basilikum, Oregano und Currypulver unter das Putenfleisch mischen und das Ganze ca. 10 Minuten ziehen lassen.

02 In der Zwischenzeit Zwiebeln und Knoblauch schälen und in feine Würfel schneiden.

03 Salatgurken schälen, längs halbieren, mit einem Löffel die Kerne entfernen und dann in feine Halbmonde schneiden.

04 In einer heißen Pfanne die marinierte Putenbrust in 2 EL Olivenöl ca. 6–8 Minuten anbraten. Die Zwiebeln und den Knoblauch dazugeben und weitere 2–3 Minuten braten.

05 Anschließend die Gurkenhalbmonde zufügen und ebenfalls 3–4 Minuten mitbraten. Mit Salz, Pfeffer und Cayennepfeffer würzen.

06 Crème fraîche und Magerquark unter die Fleisch-Gurken-Pfanne heben, alles kurz aufwallen lassen und servieren.

TIPP: Wenn Sie etwas anderes ausprobieren möchten, können Sie anstelle der Putenbrust auch Lachsfilet verwenden, hier verkürzt sich die Garzeit gegenüber dem Fleisch um die Hälfte.

TIPP: Durch den Kauf von Biogemüse und -obst können Sie Zeit sparen. Bei Möhren oder Salatgurken ist das Schälen überflüssig.

Putenhackfleisch-Käse-Suppe

Für 4 Personen
Zubereitungszeit: 30 Minuten

- 400 g Putenschnitzel
- 3 EL Olivenöl
- 5 g Oregano (getrocknet)
- 400 g Erbsen (tiefgekühlt)
- 400 g Sojabohnen (Abtropfgewicht, Dose)
- 250 g Schmelzkäse (20 % Fett i. Tr.)
- 250 ml Wasser
- 250 ml Sauerrahm
- ½ Bund frische Blattpetersilie
- Paprikapulver, Salz und Pfeffer nach Geschmack

1 Portion (ca. 500 g): 570 kcal, 36 g Eiweiß (26 E%), 34 g Fett (53 E%), 30 g Kohlenhydrate (21 E%)

01 Putenschnitzel waschen, trocken tupfen und in sehr feine Würfel schneiden. Mit Salz und Pfeffer würzen.

02 2 EL Öl in einer Pfanne erhitzen und die hackfleischähnlichen Putenwürfel darin ca. 4–5 Minuten anbraten. Mit Oregano, Paprika, Salz und Pfeffer würzen.

03 Anschließend die Erbsen hinzufügen und weitere 1–2 Minuten mitbraten. Die Sojabohnen abgießen und zusammen mit dem Schmelzkäse zugeben. Das Ganze mit Wasser ablöschen und den Sauerrahm einrühren.

04 Die Suppe unter regelmäßigem Rühren ca. 15 Minuten köcheln lassen.

05 Unterdessen die Petersilie waschen, von den Stielen befreien und fein hacken.

06 Zum Servieren die Pfanne in die Mitte des Tisches stellen und die Suppe mit der Petersilie bestreuen.

TIPP: Anstelle der klein geschnittenen Putenwürfel können Sie auch Rinderhackfleisch verwenden.

Grüne Tomaten-Puten-Pfanne

Für 4 Personen
Zubereitungszeit: 30 Minuten

- 600 g Putenschnitzel
- 200 g magerer Speck am Stück
- 3 Zwiebeln
- 2 gelbe Paprika
- 2 EL Olivenöl
- 1 Knoblauchzehe
- 400 g grüne Tomaten (ca. 8 Stück)
- 250 g geschälte, gewürfelte Tomaten (Dose)
- 70 g Tomatenmark (ca. 2 EL, Dose)
- ½ TL Currypulver
- ½ TL Paprikapulver (edelsüß)
- 1 TL Oregano (getrocknet)
- Tabasco, Salz und frisch gemahlener Pfeffer aus der Mühle nach Geschmack

1 Portion (ca. 450 g): 240 kcal, 21 g Eiweiß (35 E%), 13 g Fett (49 E%), 10 g Kohlenhydrate (16 E%)

01 Das Putenfleisch und den Speck in ca. 2 cm große Würfel schneiden. Zwiebeln schälen und in feine Ringe schneiden. Paprika halbieren, entkernen, waschen und in 2–3 cm große Stücke schneiden.

02 1 EL Olivenöl in einer beschichteten Pfanne erhitzen und das Putenfleisch zusammen mit dem Speck und den Zwiebeln ca. 4–5 Minuten scharf anbraten. Die angebratenen Fleischwürfel aus der Pfanne nehmen und beiseitestellen.

03 Für die Sauce den Knoblauch schälen und fein würfeln. Die grünen Tomaten waschen, vom Strunk befreien und in grobe Würfel schneiden. 1 EL Öl in derselben Pfanne erhitzen und den Knoblauch darin andünsten. Die Dosentomaten inklusive Saft in die Pfanne geben und zusammen mit Tomatenmark, Salz, Curry, Paprikapulver und Oregano 6–8 Minuten bei geringer Hitze einkochen lassen. Die TomatenSauce je nach gewünschtem Schärfegrad mit Tabasco und Pfeffer abschmecken.

04 Das Putenfleisch und die grünen Tomaten dazugeben und das Ganze weitere 5–6 Minuten zugedeckt fertig garen.

05 Vor dem Servieren die Tomaten-Puten-Pfanne mit frisch gemahlenem Pfeffer würzen.

Hähnchenpfanne mit Kräuterei

Für 4 Portionen
Zubereitungszeit: 15 Minuten

- 400 g Egerlinge
- 400 g Sojasprossen
- 1 Knoblauchzehe
- 300 g Hähnchenbrust
- 2 EL Rapsöl
- 2 Eier (Größe L)
- 50 ml Gemüsebrühe
- ½ Bund frischer Schnittlauch
- Salz und Pfeffer nach Geschmack

1 Portion (ca. 330 g): 245 kcal, 32 g Eiweiß (53 E%), 10 g Fett (37 E%), 6 g Kohlenhydrate (10 E%)

01 Egerlinge kurz unter fließendem Wasser waschen und vierteln. Sojasprossen ebenfalls waschen.

02 Knoblauch schälen und fein würfeln.

03 Hähnchenbrust waschen, trocken tupfen und in feine Streifen schneiden.

04 In einer Pfanne Rapsöl erhitzen und die Hähnchenstreifen und den Knoblauch darin ca. 4–5 Minuten anbraten. Mit Salz und Pfeffer würzen.

05 Egerlinge und Sojasprossen ebenfalls in die Pfanne geben und darin weitere 2–3 Minuten unter Rühren braten. Anschließend die Eier verquirlen, zugeben und 2–3 Minuten mitbraten.

06 Nun die Gemüsebrühe an die Hähnchenpfanne gießen und das Ganze aufkochen lassen. Mit Salz und Pfeffer würzen.

07 In der Zwischenzeit den Schnittlauch waschen, trocken schütteln und in feine Röllchen schneiden. Zum Servieren die Hähnchenpfanne mit Schnittlauch bestreuen.

TIPP: Anstelle der Egerlinge können Sie auch Champignons verwenden.

Poulardenpfanne mit Quittengemüse

Für 4 Personen
Zubereitungszeit: 25 Minuten

- 600 g Poulardenbrust (ca. 4 Stück)
- 4 EL Olivenöl
- 3 rote Zwiebeln
- 4 Quitten (ca. 500 g)
- 1 Salatgurke
- 1 TL Sojasauce
- 1 EL Currypaste
- 100 g Frischkäse (Rahmstufe)
- 1 Schale frische Kresse
- Paprikapulver, Salz und Pfeffer nach Geschmack

1 Portion (ca. 390 g): 555 kcal, 32 g Eiweiß (23 E%), 42 g Fett (69 E%), 11 g Kohlenhydrate (8 E%)

01 Poulardenbrust waschen, trocken tupfen und in 1 cm dünne Scheiben schneiden. Mit Salz und Pfeffer würzen.

02 2 EL Öl in einer Pfanne erhitzen und die Poulardenbrustscheiben von beiden Seiten ca. 3–4 Minuten anbraten. Anschließend aus der Pfanne nehmen und beiseitestellen.

03 In Zwischenzeit die Zwiebeln schälen und fein würfeln. Quitten schälen, vierteln, entkernen und in 1 cm dicke Scheiben schneiden. Die Salatgurke schälen, längs halbieren, entkernen und in 1 cm dicke Halbmonde schneiden.

04 In derselben Pfanne 2 EL Öl erhitzen und die Zwiebeln zusammen mit den Quitten und der Salatgurke ca. 5–6 Minuten scharf anbraten. Mit Sojasauce, Currypaste, Paprikapulver, Salz und Pfeffer würzen. Anschließend die Poulardenbrustscheiben und den Frischkäse dazugeben und 2–3 Minuten fertig braten.

05 Vor dem Servieren die Poulardenpfanne mit Kresse bestreuen.

TIPP: Kresse kann man ganz leicht selbst anbauen. Dazu brauchen Sie Watte, Wasser, eine Schale und Kressesamen. Und so funktioniert die Aussaat: Für ein schnelles Ergebnis streut man die Samen einfach auf einen Wattebausch, den man in ein Schälchen oder ein kleines Glas legt und täglich leicht wässert. Schon nach zwei Tagen kann man die ersten Keime entdecken, nach vier Tagen ernten und genießen.

Hasenfiletstreifen mit Pfifferling-Kohlrabi-Gemüse

Für 4 Personen
Zubereitungszeit: 35 Minuten

- 100 g Pfifferlinge (getrocknet)
- 600 g Hasenrückenfilets
- 4 EL Olivenöl
- 1 Zwiebel
- 3 Kohlrabi (ca. 450 g)
- 1 Bund frischer Schnittlauch
- 100 g Schmelzkäse (20 % Fett i. Tr.)
- 200 g Sauerrahm
- Muskat, Salz, Pfeffer und Kümmelpulver nach Geschmack

1 Portion (ca. 430 g): 495 kcal, 54 g Eiweiß (44 E%), 26 g Fett (48 E%), 10 g Kohlenhydrate (8 E%)

01 Die Pfifferlinge in ½ Liter Wasser für etwa 15 Minuten einweichen. Anschließend gründlich waschen und in einem Sieb abtropfen lassen.

02 Den Hasenrücken waschen, von Sehnen befreien und in feine Streifen schneiden. 2 EL Öl in einer Pfanne erhitzen und das Fleisch 5–6 Minuten scharf anbraten. Mit Salz, Pfeffer und Kümmelpulver würzen. Anschließend das Fleisch aus der Pfanne nehmen und beiseitestellen.

03 Für das Pfifferling-Kohlrabi-Gemüse die Zwiebel schälen und fein würfeln. Kohlrabi schälen, vierteln und in feine Scheiben schneiden. Schnittlauch waschen, trocken schütteln und in feine Röllchen schneiden.

04 In derselben Pfanne 2 EL Öl erhitzen und Zwiebeln, Pfifferlinge und Kohlrabi darin ca. 4–5 Minuten scharf anbraten. Anschließend den Schmelzkäse einrühren.

05 Das Pilzgemüse mit Muskat, Salz und Pfeffer abschmecken. Dann den Schnittlauch dazugeben und das Gericht nochmals 1–2 Minuten köcheln lassen. Die Hasenrückenstreifen dazugeben und alles weitere 2 Minuten fertig garen.

06 Zum Servieren den Sauerrahm als Topping auf die Hasenrückenpfanne geben.

TIPP: Anstelle der getrockneten Pfifferlinge, können Sie in den Monaten Juni bis September frische Pfifferlinge verwenden, für dieses Rezept etwa 300 g.

Wildpfanne mit Johannisbeeren

Für 4 Personen
Zubereitungszeit: 40 Minuten

- 2 Zwiebeln
- 1 Knoblauchzehe
- 1 Knollensellerie (ca. 300 g)
- 200 g Möhren
- 600 g Rehrücken
- 4 EL Olivenöl
- 3 g Thymian (getrocknet)
- 3 g Rosmarin (getrocknet)
- 100 ml Sahne
- ¼ l Wildfond (oder Rinderfond)
- 50 g Walnüsse
- 200 g Johannisbeeren
- Salz und Pfeffer nach Geschmack

1 Portion (ca. 425 g): 480 kcal, 39 g Eiweiß (33 E%), 32 g Fett (59 E%), 9 g Kohlenhydrate (8 E%)

01 Zwiebeln und Knoblauch schälen und fein würfeln. Knollensellerie putzen, schälen und in 2 cm große Stücke schneiden. Die Möhren schälen und in 1 cm dicke Scheiben schneiden.

02 Rehrücken waschen, trocken tupfen und in 2 cm dicke Würfel schneiden.

03 2 EL Öl in einer Pfanne erhitzen und Zwiebeln, Knoblauch, Knollensellerie und Möhren darin ca. 2–3 Minuten scharf anbraten. Mit Thymian, Rosmarin, Salz und Pfeffer würzen. Anschließend das Gemüse aus der Pfanne nehmen und beiseitestellen.

04 In derselben Pfanne 2 EL Öl erhitzen und die Fleischwürfel darin ca. 4–5 Minuten anbraten. Mit Salz und Pfeffer würzen. Das Gemüse dazugeben, untermengen und alles zusammen weitere 2–3 Minuten braten. Anschließend die Zutaten mit Sahne und Wildfond ablöschen und ca. 6–8 Minuten fertig garen.

05 In der Zwischenzeit die Walnüsse grob hacken. Die Johannisbeeren waschen, von den Rispen zupfen und zum Servieren zusammen mit den Walnüssen über die Pfanne streuen.

TIPP: Anstelle des Rehrückens können Sie auch Wildschwein- oder Hirschrücken verwenden.

Erdbeergratin mit Blauschimmelkäse

Für 4 Personen
Zubereitungszeit: 15 Minuten

- 400 g Erdbeeren
- 200 g Blauschimmelkäse
  (z. B. Bavaria blu)
- 4 Eiweiß (Größe M)
- 50 g Mandelblättchen
- 1 EL Rapsöl
- 20 g Pistazien (gehackt)

1 Portion (ca. 200 g): 355 kcal, 20 g Eiweiß (23 E%), 27 g Fett (69 E%), 7 g Kohlenhydrate (8 E%)

01 Backofen auf 180° Umluft vorheizen.

02 Erdbeeren putzen, waschen und vierteln. Blauschimmelkäse in 4 gleich große Scheiben schneiden.

03 Das Eiweiß mit einem Handrührgerät zu Eischnee schlagen.

04 In einer heißen Pfanne die Erdbeeren mit den Mandelblättchen im Rapsöl 1–2 Minuten anbraten.

05 Anschließend die Früchte mit dem Blauschimmelkäse belegen und mit Eischnee bedecken. Das Ganze im Backofen (Mitte) ca. 6–8 Minuten überbacken

06 Die überbackenen Erdbeeren mit den Pistazien bestreuen und servieren.

TIPP: Das verbleibende Eigelb können Sie zugedeckt im Kühlschrank aufbewahren und am nächsten Morgen für ein Omelett verwenden (z. B. Rezept Kräuteromelett Seite 16).

Papaya aus der Pfanne

Für 4 Personen
Zubereitungszeit: 15 Minuten

- 1 Papaya (ca. 600 g)
- 1 EL Eiweißpulver (neutral)
- 2 Eier (Größe M)
- 50 g Kokosflocken
- 1 EL Erdnussöl
- 1 TL Honig
- 150 g Frischkäse (Rahmstufe)

1 Portion (ca. 200 g): 240 kcal, 8 g Eiweiß (14 E%), 17 g Fett (63 E%), 14 g Kohlenhydrate (23 E%)

01 Die Papaya schälen, halbieren und die Kerne entfernen. Anschließend in 2 cm dicke Halbmonde schneiden.

02 Diese mit einem Küchenpapier abtupfen und mit dem Eiweißpulver bestäuben.

03 Eier verquirlen. Die Kokosflocken auf einen Teller geben. Die Papayastücke zunächst in der Eimasse und anschließend in den Kokosflocken wälzen.

04 In einer heißen Pfanne mit Erdnussöl die Fruchtstücke goldbraun ausbacken.

05 Anschließend den Honig in die Pfanne geben, erhitzen und mit dem Frischkäse ablöschen. Die Papayastücke kurz darin schwenken und servieren.

Impressum

Redaktion: systemed Verlag, Lünen
systemed GmbH, Kastanienstr. 10, 44534 Lünen
Lektorat: Susanne Bader, Weißach

Fotografie: Studio Reiner Schmitz, München

Umschlaggestaltung: Hauptmann & Kompanie Werbeagentur, Zürich
Satz: A flock of sheep, Lübeck

Druck: Druckerei Uhl, Radolfzell
ISBN: 978-3-942772-93-8

2. Auflage